SEP 1 2 2007

Pour Saskia
MW

Bravo, Petit Ours

Texte de Martin Waddell
illustrations de Barbara Firth

PASTEL
l'école des loisirs

Il était une fois deux ours,
Grand Ours et Petit Ours.
Grand Ours est le grand ours
et Petit Ours est le petit ours.
Un jour, Petit Ours veut partir
en exploration.
"Viens, Grand Ours", dit-il.

Petit Ours découvre le Rocher de l'Ours.
"Viens voir, Grand Ours", dit Petit Ours.
"Où es-tu, Petit Ours ?" demande Grand Ours.
"J'explore le Rocher de l'Ours", dit Petit Ours.
"Regarde-moi escalader."
"Bravo, Petit Ours", dit Grand Ours.

"Maintenant, j'ai besoin de toi, Grand Ours",
crie Petit Ours. "Je vais sauter !"
"J'arrive, Petit Ours", dit Grand Ours.
Petit Ours saute dans les bras de Grand Ours.
"Je repars en exploration", dit Petit Ours
en courant devant Grand Ours.

Petit Ours
découvre un très vieil arbre.
"Regarde-moi !" dit Petit Ours.
"Je me balance sur la branche
de l'arbre".

"Regarde, Grand Ours,
je me balance de plus en plus haut."
"Bravo, Petit Ours !" dit Grand Ours.

"Es-tu prêt, Grand Ours ?"
demande Petit Ours.

Il se balance plus haut,
toujours plus haut,

puis… hop,
il lâche la branche…

et atterrit dans les bras de Grand Ours.
"Tu m'as encore rattrapé !" dit Petit Ours.
"Bravo, Petit Ours", dit Grand Ours.
"Je vais continuer à explorer", dit Petit Ours.

Petit Ours découvre le ruisseau.
"Regarde, Grand Ours, regarde-moi
traverser le ruisseau", dit Petit Ours.
"Bravo, Petit Ours !", dit Grand Ours.

Petit Ours saute de pierre en pierre…
"Je suis le plus agile des ours sauteurs !"
dit Petit Ours.
Et il saute encore et encore.

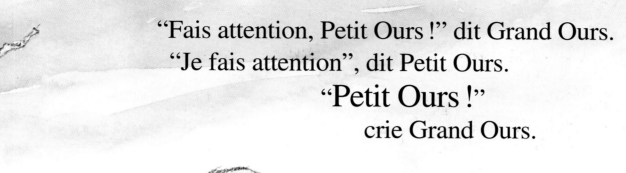

"Fais attention, Petit Ours !" dit Grand Ours.
"Je fais attention", dit Petit Ours.
"Petit Ours !"
crie Grand Ours.

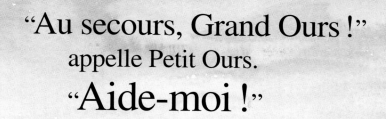

"Au secours, Grand Ours !"
appelle Petit Ours.
"Aide-moi !"

Grand Ours entre dans le ruisseau
et tire Petit Ours hors de l'eau.
"Ne pleure pas, Petit Ours, tu seras bientôt sec",
dit Grand Ours en serrant Petit Ours contre lui.

"Viens, nous allons continuer
à explorer", dit Grand Ours.
"Explorer où ça ?" demande Petit Ours.
"De l'autre côté du ruisseau", dit Grand Ours.
"Fais attention, Grand Ours, tu pourrais
tomber dans l'eau comme moi", dit Petit Ours.
"Pas si tu me montres la pierre sur laquelle
tu as glissé", dit Grand Ours.
"C'est celle-ci", dit Petit Ours.
"Bravo, Petit Ours", dit Grand Ours.

Grand Ours et Petit Ours rentrent chez eux
en explorant le bois qui entoure leur grotte.

Grand Ours et Petit Ours s'installent
confortablement dans le grand fauteuil d'ours.
"Est-ce que tu as eu peur, Petit Ours ?" demande
Grand Ours. "Est-ce que tu as eu peur quand
tu es tombé dans l'eau ?"
"Je savais que tu étais là", dit Petit Ours.
"Tu as raison, Petit Ours", dit Grand Ours,
"je serai toujours là quand tu auras
besoin de moi…

Toujours !"